035
다시올시선

신동열

035
다시올시선

신 동 열

다시올

시인의 독백

세상을 걷네. 걸어온 날 그리움 고향 앞산 나뭇가지에 걸려 있고, 굽이진 길목 흔적들 길가의 내게 손짓하는 세상. 나는 오늘도 길을 가네. 만나고 헤어지고, 이어지고 끊어지는 끝을 알 수 없는 길. 피지 못한 꿈 손에 움켜쥔 채.

2020년 새 달력을 걸며

신동열

■ 차례 ■

2부

그리움

■ 차례 ■

3부

인연

4부

길

5부
꿈

제1부
회상

아버지

제게 당신 모습은
새벽안개처럼 희미합니다

철없던 국민학교 2학년
땅마저 얼어붙은 소한(小寒)
친구와 논에서 썰매 탈 때
아버지, 당신은
훌쩍 떠났습니다

당신 모습이 희미한 건
어쩌면 제게 남긴
작은 선물인지도 모릅니다
당신이 뚜렷하면 그리움도
들녘 아지랑이처럼
제 안에 애틋이 아른대겠지요

고백합니다
당신이 하늘로 떠나실 때
아홉 살 꼬마는
눈물로 붙잡지 못했고
그때 흘리지 못한 눈물

이리 오래
가슴 가득 고여있습니다

주고 또 주면서도
이 옷 저 옷 호주머니 뒤집던 당신
어느덧 제가
아버지의 나이가 되어
당신의 멈춘 강을 바라봅니다

아버지가 되니 아버지가 보입니다
죽음도 모르는 자식 두고 떠나려니
그 발길 얼마나 무거웠을지

아버지 마음이 아버지에게 보입니다

어머니의 가방

망네며누리생일
음역이월이시유길날

어머니의 가방끈은 짧았다
담 너머 글 배우는 어린 딸 안쓰러워
외할아버지가 서당 한 달 보낸 게
가방끈의 전부라고 했다

그 짧은 끈에도
성경 세 번 읽고 하늘로 가셨으니
하나님이 보시기에
참 어여쁜 양이었으리라

어머니 살아계실 때
안경 닦아드리려고 열어본 안경집에는
네 며느리의 생년월일이
띄어쓰기 하나 없이 가지런히 접혀
시어머니 품에 옹기종기 안겨 있었다

어머니의 마음과 가방끈이 뒤엉켜
당신이 하늘로 떠나던 날
고여있던 눈물 한없이 쏟아냈다
혼자 여러 날 울었다

어머니의 가방
끈은 짧아도 참 넉넉했고
고된 삶에도 늘 웃으시던
자식 사랑
하루도 마르지 않았다

오늘도
끈 짧은 어머니의 가방을 메고
나는 세상을 걷는다

아픈 손가락

팔순의 할머니에게 둘째 고모는
제일 아픈 손가락이었지
네 딸 중
손에 쥔 것, 머리에 든 것
다 모자랐거든

할머니는 굽은 허리로
사람 많이 다니는 큰길 마다하고
험한 산허리 타고
고모네를 드나드셨지

남편 일찍 저세상 보내고
어려운 살림에 자식들 키우는
며느리 보기 민망했던지
논밭 일로 집 비운 틈을 타
꼬깃꼬깃 주머니에 쑤셔 넣고
주섬주섬 자루에 담아
나뭇가지 부여잡으며
험하고 비탈진 산길로만 다니셨지

며느리가 왜 몰랐겠어
쌀독이 줄고 감자가 줄고
닭장 달걀 슬며시 없어지는 것을

며느리는 하나를 더 안 거지
깨물어 안 아픈 손가락 없다지만
모자란 손가락이 제일 아프단 걸
그래도 참 대단해
할머니의 며느리, 내 어머니는
시어머니 뒤통수에
눈 한 번 흘기지 않으셨으니

할머니 돌아가시고 발길 끊긴 지
반백년
고모네 가는 길은 흔적조차 사라졌겠지

혹시 그 길
천상으로 이어졌는지도 몰라
모자란 손가락 제일 아픈 건
지상이나 천상에서나
부모의 같은 마음일 테니

아차산의 추억

벚꽃은 흐드러지고
명(命)을 다한 목련
비 맞은 솜처럼
가지에 걸려있었지

따스한 봄 햇살
산에 드러누운
바위 위로 내려앉고
오르내리는 발길
봄에 취해 사뿐거렸지

오래지 않은 옛적
운명이 갈린 우리
어느 봄날 산기슭에서
이야기 꽃을 피웠고
지금은
이승에 남은 우리가
그 향기를 추억하지

훗날에
길이 다시 엇갈려도
우리 얘기는
그 기슭을 또 맴돌겠지

흐르는 추억은
떠난 사람 잊지않으려는
남은 이의 애잔한 노래지

막내아들

한여름 뙤약볕도
한겨울 매서운 찬바람도
나름 견뎌냈어

열 살 갓 넘은 나이에
사계의 이치 어찌 알겠냐만
누구나 겪는 시련이니 했나봐

나른함이 뼛속을 파고드는
봄날은 견디기 힘들었어
어쭙잖은 온기가 되레
어깨를 짓눌렀거든

남편 일찍 보내고
줄줄이 자식 홀로 키우신 어머니

새벽닭 울기 전
지게 지고 밭에 한 번 다녀오고
오일장 서는 날에는
열무다발 머리에 가득 이고
십리 길 장에 내다 판 뒤
자식들 아침 걱정에
한걸음으로 달려 오셨지

칠 벗겨진 밥상에 둘러앉은 자식들
허겁지겁 보리밥 한 그릇 먹을 때
부뚜막에서 나중에 먹겠다던 어머니
그 밥그릇 절반쯤 비었다는 건
철이 더 든 뒤에야 알았어

손마디가 휘고 터져가면서
흐르는 땀 손등으로 훔치며
자식들 학비
이웃집 논밭에서 캐내셨지

어머니는 떠나고
소년은 백발 성성한 나이가 됐어
이젠 봄 햇살이 그리 막막하지 않아
봄 여름 가을 겨울 삶에도
사계(四季)가 있다는 걸 깨달았거든

그래도 그리운 건 어쩔 수 없어
따스한 봄이면 더 아른대는
햇살 같은 내 어머니

독백

내 삶 어느 길목에
달팽이처럼 느릿느릿
시간이
기어갈 때가 있었지

어둡고 추운 날에는
한 시간이 하루처럼
하루가 한 달처럼
내 불안한 걸음은
제자리를 맴돌았지

어느 순간
멈춘 듯한 시간이
알레그로로 바뀌었어
빠르게 더 빠르게

지금은
팽이처럼 돌아
한 해가 한 달
한 달이 하루로
남은 길 짧아지니
발길 더 아쉽고

오르기만 하느라
내려다보지 못한 꽃
달리기만 하느라
올려다보지 못한 산

이제는 하나 둘
가슴에 품으며
걸어가야지

어제에 감사하며
오늘은 후회 없이
내일은 겁먹지 말고

고향 가는 길

번쩍이는 도회지 불빛에
순간순간 휘청거려도
한 번도 잊은 적 없는
길

날선 도시에 베인 상처
엄마약손 그리워
흐려진 눈 비비며 달려가던
길

휘엉청 달이라도 밝을라치면
마음은 이미 동네 어귀 들어선
길

고향 가는 길

잊혀진 크리스마스

길을 가는 사는
추억 몇 개쯤
주머니에 넣고 다니지
오솔길 허전하면
슬쩍 꺼내 함께 걷고
밤길 적적하면
옛날 애기로
말벗을 삼지

내 사진첩에도
갖가지 흔적들이
어지러이 끼어있지
가끔은
그 조각들 맞춰가며
내가 누군지
삶의 거울 마주보고

기억이 흐려졌는지
흔적 아예 없었는지
크리스마스가
내 삶 모자이크엔 없어
넘기고 넘겨도
공백뿐인 추억

서울역

냄새가 난다
사는 냄새, 살려는 냄새
차 놓칠까 내달리며
삶을 퍼나르는 소리,
숨가쁘다

찬송가 울려퍼지는
천막안에선
초점 잃은 두 눈,
주께 삶을 외친다

두 냄새
바람 타고 돌고 돌아
광장 어디쯤에서
만날까

타인처럼 스치고
이웃인듯 훔쳐보다
다시 갈라서는 곳

서울역에선 냄새가 난다
한 몸에서 두 냄새가

생명

뼈만 앙상한 가지 부여잡고
온몸으로 파르르 떠는
홀로 된 잎새의 고독한 절규

육체가 털어버린 속세와의 인연
촌음이라도 이어보려 헉헉대는
꺼져가는 영혼의 가쁜 숨소리

이승이 버겁다 투덜대는 자
목숨이 가볍다 쉬이 말하는 자
손 내밀어 한 번 느껴봐라

가물대는 생명,
꺼져가는 끝이라도 잡으려고
쥐고 또 움켜쥐는 아귀의 힘을

몸짓

가을 들녘 살랑대는
코스모스가
마음에 짠할 때가 있어

죄인인 듯 고개 숙이고
이리저리 휘청이는
가련한 꽃

잔바람에 꺾이지 않고
모진 하루 견뎌내려는
처절한 몸짓으로 보여

우리네 삶도 그렇잖아
굽히고 흔들리며
힘겹게 버티는 하루가

삼경의 종소리

산을 타고 오르는
깨달음의 소리

바람 가르며 퍼지는
가르침의 울림

고요한 적막
무언의 속삭임

달랑 소리 하나
길게 드리운 여운

매달린 속세의 티끌
말없이
땅으로 내려앉는 밤

인디언 숲

옛날 인디언 전사는
숲에서 사는 법을 배웠지
사냥으로 주린 배 채워도
자연의 몫 기꺼이
숲에 남겨두는 지혜를

숲과 전사는
둘이 아닌 '우리' 였지
숲이 굶주리면
자신도 배고프다는 걸
숲에서 깨달았지

문명이 숲을 비추자
세상은 깜깜해졌지
탐욕의 짙은 그림자
숲을 뒤덮었으니

그나마 다행이지
마음속 인디언 숲
푸른빛 꺼지지 않아
지구별 아직 반짝이니

첫사랑

바람 불면 보여요
그대 향해
산 너머로 뻗어있는 그리움

비 내리면 보여요
그대 그리며
장대비처럼 쏟아지는 추억

눈 내리면 보여요
그대 보고파
소복이 쌓여가는 정(情)

꽃이 피면 보여요
그대 안에 들어가
진달래처럼 수줍게 웃는 미소

홀로 길을 걸어도
손잡은 듯 스치는 듯

그대가 곁에 보여요

제2부

그리움

마음

장모님과 사위는
수시로 전투를 치렀다
이름하여 '결제전쟁'
전쟁터도 전국구다
강화 양평 설악 수안보

처가 식구들 모여
밥값이라도 낼라치면
어느새 '결제완료'
촘촘히 보초를 세워도
한방에 번번이 뚫린다

그 순발력이 어디
주머니에서 나오겠는가
아들딸 손자손녀
덤으로 사위까지 얹혀
아끼고 품으려는
따뜻한 마음에서지

팔순 장모님 수가 읽히고
사위의 방어력이 늘어도
곳곳 전쟁터 흔적은
좀처럼 지워지지 않는다

먼 훗날
애틋하게 그리워질
장모님의 그 마음이

호박

한가로이 늦가을 걷다
눈에 띈 호박 하나
스치던 발길 멈추고
되돌아 다시 보니
그 위에 내 어머니가
덩그러니 앉아 계셨네

푸른 잎 누렇게 바래고
누런 잎 땅에 떨어져
어머니만 홀로
밭두렁에 덩그러니

그리 주고도 모자랐는지
온전히 가져가라고
말없이 손짓하는
당신
덩그러니 홀로 계셨네

겨울산

구름 밖 숨 고르는 해가
능선에 걸려있다

초록의 옷을 벗은 계절
붉은빛으로 세상을 바꾸고
숲은 갈바람 안고 춤을 춘다

인적 뜸한 산길엔
겹겹이 내려앉은 낙엽
바람따라 자리 옮기고

새 울음조차 사라진 산
나목(裸木)만 헐거워진 허리 세워
온몸으로 칼바람 맞고 있다

갇히다

출구가 없다

사방은 온통 어둠뿐
아무것도 만져지지 않고
소리조차 들리지 않는다

어둠속 내 숨찬 발자국
빨라지는 심장박동 소리에
잠 못 자고 설레던 마음
밤새 푹 젖어버렸다

내 안에 갇혀버린 그리움,
빠져나갈 곳이 없다

강화 가는 길

가을이 깊어가는 시월
헛헛한 마음 달래려 달려온 곳

강화산성 진성루에 오르니
대산리 넓은 들판이 펼쳐진다

들판에 홀로 서 있는 허수아비
갈바람에 장단 맞춘 깡통 소리에
참새는 보이지 않고
누렇게 익은 벼들 고개 숙였다

멀리 나지막한 산자락에 노을이 걸리고
들판은 금빛 물결 출렁이니
어머니가 아궁이 불 지펴 지으신
구수한 보리밥상 생각이 난다

고향이 그리운 날,
어머니의 품 같은 곳
고향 닮은 강화도에 간다

나목(裸木)

훌렁 벗고도
부끄럽지 않을까

훌훌 털고도
아쉬움 하나 없을까

호수공원 은행나무 길
벌거벗은 나무들
하늘 향해 뻗어있고

겹겹이 껴입은 사람들
거북목으로
땅만 보고 걷는다

발길 뜸한 호숫가
물에 잠긴 나목들

바람이 그린 물결따라
빈 가지만 흔들린다

못다 핀 꽃

고인이라 부르기엔
그 마음 너무 황망해
잘 가라 고개 숙입니다

꽃이라 부르기엔
그 봉오리 너무 아려
국화 하나 놓습니다

죽음이라 부르기엔
그 웃음 너무 선해
몸 돌려 나옵니다

다시 보세
차마 하지 못한 그 말
가슴이 턱,
목에 걸립니다

부모

당신 알몸인 줄 잊은 채
훌훌 벗어주셨으니

두 손 텅 빈 줄 모르고
온전히 내어주셨으니

어쩌면

삼베옷 입고
깜깜한 땅속에 누워있어도
비단옷 입은 자식
당신 곁 지키면
미소지을지 몰라

모퉁이

적막한 길모퉁이에
지칭개가 피어있다

홀로 피어도
외롭다
곁눈질하지 않고

둘이 피어도
잘났다
고개 세우지 않는다

묵묵히 하늘 향한
보랏빛 두상

모퉁이가 환하다

선물

그게 참 반가운 게
오가다 어깨 스치는
무심한 행인이 아니라
소식도 없이 먼 길 온
그리운 고향 친구라서지

그게 참 따스한 게
둘이 그냥 주고받는
거래가 아니라
두 마음 이어주는
꽃이라서지

그게 참 행복한 게
돈으로 가격표 붙이는
흥정이 아니라
두 발길 맞춰주는
장단이라서지

그게 참 그리운 게
세월 좀 흐른다고
잊혀지는 게 아니라
옛 얘기 길어 올리는
추억의 우물이라서지

봄의 왈츠

겨우내 숨죽인 생명
마른잎 틈새 바스락대고
가지에 걸터앉은 연둣빛
박자 맞춰 고개 내민다

꽁꽁 얼었던 시냇물
강으로 졸졸 흐르고
들녘 아지랑이 손잡고
산을 오른다

졸음에 겨운 새들
날개 퍼덕여 세상 깨우면
적막한 산천 어느새
푸르게 물들어간다

사랑의 파도

사랑이 밀물로 차면
코스모스 바람따라
어깨 흔들고
앞산 꾀꼬리 노래를 하지

순간 나는
온 세상 가슴에 품고

사랑이 썰물로 빠지면
하늘하늘 춤추던 코스모스
꽃잎 떨구고
꾀꼬리 청아한 울음
허공을 날지

순간 나는
세상 모든 걸 잃고

사랑은 오늘도 파도를 타지
밀물로 차고 썰물로 빠지며
종일 파도치지

정(情)

억새 흐드러진 하늘공원 오르다
노란 꽃대 세우고
가시잎 흔드는 방가지똥 보았네

빼꼼히 고개 들어 마주한 풀꽃
파란 하늘 이고 선 모습 예뻐
내 마음 슬쩍 주고 왔네

정자나무

고향 마을
정자나무 한 그루
수백 년 살아온 세월에
단단해진 수피(樹皮)
겹겹이 사연을 품고 있다

동네 아낙네들
답답한 속내 풀어 놓고
곰방대 문 할아버지
땅 위로 뻗은 뿌리에
담뱃재를 탈탈 털기도 했다
친구들과 술래잡기 지치면
나무등에 기대앉아 쉬던 곳

삶이 고달파 떠난 고향
모진 세월 험한 세상에도
넘어지지 않고 꼿꼿이 일어나
정자나무 아래로 모여드는 사람들

오가는 발길, 얽힌 사연
수백 년 묵묵히 가슴에 품은 나무
바람결에 부딪는 나뭇잎 숨결 타고
흐드러진 웃음소리
마을 어귀가 환하다

파랑새

새 한 마리가 날아왔지
청춘의 연둣빛
조금씩 옅어질 무렵에

날갯짓은 서툴렀지
아직은 세상을 맘껏
날지 못한 어린 새

깃털은 유난히 고왔지
별빛에도 반짝이고
햇살엔 더 눈부셨어

나무는 접은 가지를 폈고
새는 몇 번을 기웃대더니
그 위에 작은 둥지를 텄지

바람 불고 비도 내렸지
해와 달 무수히 바뀌고
꽃도 수십 번 피고 졌어

청춘의 연둣빛 누레졌지만
나무는 그 둥지를 언제나
'희망' 이라고 불러, 희망

어리고 서툰 날갯짓으로
자신에게 둥지를 튼 새가
파랑새, 바로 파랑새거든

민들레

길가에 엎드린 꽃
하늘만 올려보고 걷기엔
인심 박하다 싶어
슬쩍 내려다보네

바람에 실린 홀씨
어머니 품을 떠나
허공 돌고 또 돌아
어쩌다 길가에 둥지 텄을까

속세의 발길이 그리웠을까
뿔뿔이 흩어진 형제들 소식
엿듣고 싶었을까
아니면
바람에 온전히 몸을 맡겼을까

옹기종기 엄마 품 형제들
이듬해 봄엔 또 어디서
애틋이 그리워할까

우리네 속내 다르지 않으니
슬며시 내어준 눈길
쉬이 거두질 못하네

호수

보름달
물 위로 내려앉으면
한 마리 학이 되고

둘로 갈라진 하늘 사이로
날개 퍼덕이면
절로 시인이 된다

물 위로 내려온 천상
잔잔히 내려다보면
한편의 시가 되고

달빛 스치는 물결에
곡을 붙이면
한편의 노래가 된다

두 하늘 마주보면
속세의 티끌
순간
맑은 샘물로 반짝인다

물음표

그리움 가슴에 품으면
사랑으로 물들어갈까
설렘으로 남아있을까

사랑을 가슴에 묻으면
한송이 꽃으로 피어날까
아쉬움으로 고여있을까

세월 지나
그리움이 기다림 되면
가슴 깊이 박힌 사랑
다시 꺼내볼 수는 있을까

오늘

해는 능선 너머로
머리를 숙였지만
노을은 여전히
산등성에 걸터앉아
붉은색으로 물들인
깃털을 편다

집으로 돌아오는
농부의 고단한 발길
깃털 내려앉아
하루를 어루만지면
초승달 어느새
수줍게 얼굴 내밀며
마실 나설 채비를 한다

노을마저 머뭇머뭇
산을 넘고
그 자리 슬쩍
어둠 내려앉으면
오늘이 덩달아 실려간다

제3부
인연

천사

천사의 날개는
얼마나 많은
사랑을 품고 있을까

천사의 날개를 타고
하늘에 오른 사람은
천국에서
행복하게 살고 있을까

천상에 계신 내 어머니께
간절한 소망 하나 빈다

먼 훗날 당신 셋째 며느리
하늘나라에 가면

잊지 말고 두 손 꼭 잡아
꽃길로만 인도하시라고

자식의 나이

부모 곁의 자식은
나이를 먹지 않아

백발 성성한 부모에게
오십에도 열 살쯤인 자식은
오늘도 그림자 밟고 다니지
더우면 드리우고
추우면 걷어주는
부모라는 그림자를

가파른 삶을 오르는 부모는
산기슭 꼬마 길 잃을까
험한 고비마다 뒤를 돌아봐
손짓하고 마음 졸이며

자식은 나이를 먹지 않아
부모에게 자식은 늘
종종걸음 어린 꼬마야

닭이 되지 못한 닭

질기면 뱉고 연하면 삼키는
세상의 입맛

인간 미각의 그 가벼움에
불과 서른 날 남짓 모이를 쪼다
명을 다하고 식당으로 팔려 가는
닭이 되지 못한 닭들의 운명

하나님 택함 받았다는 인간은
만물의 영장 완장을 두르고
백세도 짧다 탄식하며
이산저산 불로초 찾아 헤매지

봄날 앞마당 병아리들은
닭이 되지 못할 비운을 모르고
한여름 뙤약볕 견딜 걱정을 하지
병아리로 죽을 운명은 상상도 못한 채

낙화(落花)

꽃 하나 떨어졌다
바람 한점 없던 간밤에
땅으로 내려앉았다

누구도 보지 못했다
천상에서 지상으로
낙화하는 순간을

꽃 몇 송이 주저앉아도
들녘은 익어가고
가을 하늘은 푸르렀다

세상은 그대에게
꽃길만 걸으라 하고
그 길엔 오늘도
꽃 떨어진다

고리

슬픔이 무뎌져
지난 얘기되려면
아픈 모서리 둥글 때까지
무수한 날들
돌고 돌아야 합니다

이별이 덤덤히
추억되려면
아린 상처 아물 때까지
억만의 물방울
흐르고 흘러야 합니다

죽음이 어느 날
삶과 하나 되려면
생사의 갈림목 건널 때까지
영겁의 곡절
섞이고 섞여야 합니다

돌고 돌아 섞이고 섞이면
처음과 끝, 삶과 죽음
무수한 경계들 이어져
둥근 고리 되어갑니다

가면

누구나 숨기고 살지

벗고 벗기면

혹여 다른 내가 될까봐

또 다른 너를 볼까봐

기적

바닷가 모래알 둘이 만나
백년을 약속한
인연

밤하늘 별 둘 잡은 손이
환한 빛 되어 쏟아지는
축복

마주보며 한발 한발
억만 리 걸어갈
그대와 나
지금 여기에

기적 같은 기적

나름

달팽이 느리다고
떠밀지 마라
가는 듯 마는 듯 걸어도
뜻이 있을지니

황새걸음 못 따른다고
뱁새다리 늘이지 마라
걸음마다 사연 있을지니

벼이삭 더디 자란다고
목 뽑아 늘이지 마라
웃자라 그 목 꺾이면
더디 자람만 못하나니

세상 만물은
나름의 뜻이 있나니

독(毒)

나는 니체를 좋아한다
신은 죽었다는
그런 거창한 얘기는
잘 모르지만
음흉한 인간 속내
그 구석을 찌르는
송곳이 날카롭다

니체는 말했다
그대 베푼 작은 선행
머리에 오래 담아두면
훗날 독(毒)이 된다고

어느 날
내 맘에도 독이 생겼다
어쭙잖은 그 작은 것들
애처롭게 매달려
온몸에 독을 퍼뜨린다

니체의 말이 떠오른다
무릎치고 새긴 그 말
왠지 민망하고 부끄러워
씨익 웃었다

잡스러운 것 절반쯤
우수수 떨어진다
또 한번
호탕하게 웃으며
남은 것마저 털어낸다

만약에

인생의 길목에 서서
물끄러미 저 건너 바라보네
아득히 멀어진 세월
되돌아갈 수 없는 길

저 길 걸었더라면
지금 난
삶의 어디쯤을 서성댈까

지난날 그 연(緣)과 닿았더라면
우린
어디쯤에 서 있을까

인연은 주마등처럼 스치고
길은 멀어질수록 흐릿하니
걷지 않은 길, 닿지 않은 연
누가 그 끝을 알까

그래도
길이 바뀌고, 연이 어긋났다면

망각

냇가 개나리
나른한 봄볕에 졸다
물 위로 고개 떨군다

떠나가는 청춘
발길 아쉬운지
징검다리에 걸터앉고
떠나는 자 잊지 말라며
소용돌이 부둥켜안는다

보내는 것에 익숙한 탓일까
남은 것들에 취한 것일까

삶 하나 저리 흘러가도
명(命) 다한 건지
강 찾아 새길 가는지

오가는 발길
고개 세운 개나리 곱다며
제 길을 간다

부모의 셈

평생을 주고도
어찌 저리 아쉬울까

살코기 다 발라주고
뼈만 앙상한데
뭐가 그리 미안할까

열을 내주고
달랑 하나 받았는데
어찌 저리 고마울까

계산기로 풀지 못한
이상한 그 셈법,
절로 풀렸다

부모라는 이름표 단 순간

비움

비우려면
한 톨 남김없이
온전히 비워야지

삭풍에도
나뭇가지
홀로 부여잡은 잎새
너무 처연하거든

주려면
아쉬움 한 점 없이
내어줘야지

떠나려면
미쉬움 쥐지 말고
훌훌 털고 가야지

발꿈치마다 매달린
미련
왠지 처량하거든

앓던 이

피멍만 남기고
떠났습니다

기쁠 땐 같이 웃고
슬플 땐 악물고 참아준
지난날 고마워

내 오래
함께하고자 했으나
어떤 연유인지 그대

슬그머니 앙심을 품고
아프게 아프게
나를 찔러댔습니다

인연 아닌 인연은
미련 없이 훌훌
털어야 한다기에

어금니 굳게 물고
그대를 저 멀리
떠나보냈습니다

상처난 한 인연이
오늘 그렇게
훌쩍 떠났습니다

안식

아스팔트 위를
걷고 걸어 지쳐버린
그대의 발길

어지러운 세상에
마음 둘 곳 없어
여기저기 헤매다
갈라진 발뒤꿈치 아래
따라 걷던 그림자도
슬며시 멈춰섰네요

세상 짐 짊어진 채
쉼 없이 걸어온 그대
이제 좀 쉬어가세요
나무에 걸터앉은 가을 햇살
거기,
당신의 고단한 마음
잠시 내려놓아요

이별의 전주곡

안녕이라 말하지 않아도
이별은 벌써 저만치 가있네

사랑한다 고백하지 않아도
마음 이미 두 손 꼭 잡았듯

손 놓은 두 마음
걸음마다 멀어지네

아쉬운 듯 되돌아보지만
되돌린 발길 다시 되돌리니

친구에게

날개 좀 다쳤다고
슬퍼하지마
한때는 그대도
청춘이었잖아

대서양은 못 건너도
강물 따라 노래하고
태산은 못 올라도
동산 맘껏 날았는데

바람 잘 날 없던 그대
나뭇등걸에 기대
지친 날개 잠시 접고
앞산 한번 바라봐

저편 고목 까치둥지
갓 솜털 벗은 새끼의 가는 호흡
세상을 향한 서툰 몸짓
그도 이제,
허공에 발자국 찍겠지

산은 푸르고
강물은 변함없이 흐르니

얼마나 다행이야
그대 날개 꺾이지 않은 게
다시 꿈꾸고
날 수 있다는 게

인연

저리 멀고 아득하니
누가 끝을 짐작이나 할까

처음과 나중이 어긋나는
그 흔한 세상의 이치

기다림에 잠 못 이루고
두근거리는 심장으로
서성이던 날들

벅찬 설렘 무뎌지고
한발씩 멀어지던 길

엇갈린 길목 어디쯤에서
그 인연 다시 스칠까

편견

통찰력이 놀랍지
하나를 보고도
열을 술술 꿰니

투시력은 어떻고
한 구멍으로
백 군데를 내다봐

직관력도 만만찮아
얼핏 훔쳐보고
척척 짚어내니

참 신기해
문명인에게 그 옛날
주술적
신통술이 있으니

다름

얼마나 다행이야
두 마음
서로 닮지 않은 게

쌍둥이라면
나는 너, 너는 나
거울처럼 들여다볼 테니
속 훤히 내놓고 걸으면
얼마나 불편하겠어

생각이 다르니 마음이지
봄 가을 다르니 계절이고
산 바다 다르니 풍경이듯

보름달 아래 발길
포근하고 넉넉한 것은
가르지 않고 가리지 않고
어두운 길
두루 비추기 때문이지

다르다 나무라지 않고

제4부

길

길

누가 알까
내가 그대에게 다가가고
그대가 나에게 다가온 길

둘이 만나 굽이진 사연
그 실타래 풀어 놓으면
끝은 얼마나 길어질까

숨 가쁘게 걸어온 날
꼬깃꼬깃 접으면
내 손안에 들어올까

걸어가야 할 길
어떤 사연 나부끼고
어떤 곡조 노래될까

나는 길에게 묻고
길은 나에게 묻는다

길이 되는 길

돌다리는 너무 두드리지마
믿음으로 걸으면 길이 되거든

태곳적 칠흑 어둠은
창조주께서 걷어내셨다지만

피조물 길까지 내셨다는 말
한 번도 들은 적이 없어

창조주가 빚은 인간들이
스스로 길을 낸 거지

그러니 그대
인생 뭐 있냐고 함부로 내뱉지마
없으니 만들어야지

길이 되는 길, 또 찾아봐야지

내 세상으로

언제쯤
세상으로부터 자유로울까
남의 발로 걸어가는 길
그 끝에는 누가 서 있을까

타인의 시선에 갇힌 감옥
영화 〈쇼생크 탈출〉처럼
감쪽같이 빠져나올 순 없을까
내가 나로 사는 내 세상으로

세상은 언제쯤
서로를 가두고 갇히는
그 벽들을 허물어 버릴까
미로가 더 미로되는 세상
그런 날이 오기는 할까

오늘도 나는
세상의 발로 내 길을 가고
가끔은 멈춰 걸어온 길 돌아본다
어지러이 뒤엉켜
구별조차 안 되는 진짜 내 길을

강(江)

강은 노래하지
맑은 햇살 소프라노
굽이굽이 사연 실은 바리톤
소나기 담으며 출렁대는 테너
셋이 이야기 펼치면
시가 되고 노래가 되지

강은 속삭이지
덧없이 흘러가는 청춘
아쉬워 말라고
급해도 앞지르지 말고
숨차면 잠시 멈춰
흘러오는 시냇물
가슴에 꼬옥 품으라고

강은 들려주지
바람에 날아온 나뭇잎도
한겨울 뛰어드는 함박눈도
다시 돌아올 내일을 위해
손잡고 함께 흐르는 거라고

갯벌

생계의 밑바닥을 기듯
빠르게 움직이는 검은 형상
가까이 다가가 보니
쪼그리고 앉은 마른 몸
커다란 고무다라 왼손으로 끌며
호미 자루 움켜진 손으로
뻘을 캐는 노인
노련한 손은 쉴 새 없이
캐낸 삶을 다라에 담는다

뻘에 묻힌 생사

저 멀리 밀물이 들어오고
펄에서 먹이를 찾던 도요새도
노인의 머리 위로 날아가는데
뻘에 웅크린 노인의 손과 발
여전히 바다로만 향하고 있다

너는 지금

살아오면서 나는
몇 그루 나무를 심었을까

삶에 지친 사람들에게
기꺼이 등을 내어주고
기댈 언덕은 되었을까

굶주린 이들에게
아낌없이 열매 나눠주고
길 잃고 헤매는 자에게
이정표는 되었을까

내 인생 가로수길에서
내가 내게 묻는다
너는 지금,
어떤 나무로 서 있는가

길 위에서

그대는
바람 찬 늦가을 새벽
밤새 내린 이슬 털지도 못한 채
희미한 햇살에 몸을 맡긴
국화꽃을 본 적이 있는가

오는 듯 가는 게 삶이라지만
걸어온 발자국 되돌아보라
자국마다 눈처럼 수북이 쌓인
그대 삶의 무수한 흔적

밤새 내린 이슬에
처진 목 다시 세우며
꽃을 피우는 국화처럼
세상으로 이어진 길

길 위의 그대여,
덧없다 한숨짓지 말고
가던 길 멈추지 마라
세상 발걸음이 어디
온전하기만 하겠는가

둥근 촉

세상은 내게
날카롭고 예리하게
촉을 갈라 하지

은밀한 남 얘기 들추고
이웃 허물 캐려면
예리한 송곳이 제격

뾰족하면 흉기되고
예리하면 남 벤다는
그 이치는 모르나봐

내 마음의 뾰족한 촉
둥글게 갈며 가야지
모난 세상이 뭐래도
둥글게 보듬어야지

먼 길 · 1

내가
내게로 돌아오는 길

먼 길 · 2

내 안의
그대에게 다가가는 길

여백

여보게
몇 걸음은 남기고 멈추시게
끝점까지 이르면
바로 낭떠러지 아닌가

남은 몇 걸음
그냥 비워두시게
그대 숨결 편히 오가게

여보게
혹여 정상에 오르면
오래 머물지는 마시게
바람 불고 현기증 나는 곳
그 꼭대기 아닌가

노래 몇 곡 부르고
먼 산 둘러보고
그대 자리 오르는 자 있거든
손 내밀어 끌어주고
숨 고르며 내려오시게

인생

강을 건너는데, 어찌
출렁이지 않을까
떠밀려 내려가고
거슬러 오르며
하루라는 시내를 넘어
출렁대는 강 건너거늘

다리를 건너는데, 어찌
굽이지지 않을까
휘청이면 바로서고
넘어지면 다시 일어서
하루라는 디딤돌을 딛고
인생 다리 건너거늘

산을 오르는데, 어찌
숨이 차지 않을까
버거우면 부여잡고
밀어주고 당겨주며
하루라는 발길로 한 발 한 발
가파른 인생의 산 오르거늘

여보게

여보게
내일 짐은 벗어두시게
오늘 무게도 버거운데
내일까지 얹지 말고
오늘만 지고 가시게

내일 걱정은 치워두시게
오늘 근심도 산더미인데
내일까지 쌓지 말고
오늘만 염려하시게

숨차면 좀 쉬어가시게
머나먼 인생길
단박에 내닫지 말고
숨 고르며 걸어가시게

콧노래라도 부르며 가시게
어둡고 적막한 세상길
홀로 가면 더 아득하니
흥 하나 친구 삼으시게

여보게

그대 길을 가시게
남의 길 기웃대다
세상 발길 흉내내다
그대 걸음 잊지 마시게

첫길

처음 세상으로 나온 길
고향마을 뒷산

구불구불 능선 타고
하늘로 뻗어 있는 길 어디쯤에서
난 처음으로 세상을 봤어
한눈에 훤히 내려다보이는
마을이라는 세상

세월 지나 몇 걸음 더 오르니
다른 세상이 보였어
숲처럼 빽빽한 아파트
표정 없는 사람들 쏟아져 나오는
도시라는 거대한 세상을

시절을 되돌릴 순 없지만
나를 세상으로 내보내 준
고향마을 뒷산
그 길,
다시 한번 오르고 싶어

침묵

천 길 우뚝
세상 내려다봐도
산이
뭐라 하드냐

만 길 가득
물 담아도
바다가
뭐라 하드냐

사방 억만리
만물 품어도
대지가
뭐라 하드냐

늘 그 자리
그저 묵묵히
왈가왈부
뭐라 하드냐

툭툭 털면서

가을 들녘 농부의 발길
한겨울 함박눈에
흔적 없이 사라지고

눈 위에 남긴 오늘의 걸음
내일 고운 햇살에
스르르 자취 감추지

예까지 걸어온 발자국
가끔은 뒤돌아
지우면서 가야지

후회의 순간, 회한의 추억
모두 데리고 걸으면
그 걸음 얼마나 버겁겠어

툭툭 털면서 가야지
비워도 무거운 게
인생이란 발길이니

한송이 꽃

꽃봉오리 미소 지으면
내 맘 덩달아 피어나고

그 꽃 피어나면
내 맘 절로 하늘 나네

주렁주렁 매단다고
뭐 그리 대단하겠나

삶의 무게 하나 더
어깨에 얹을 뿐이지

허언(虛言)

길에서 들은 얘기
길에 뱉어내고
귀로 들은 가르침
한 자 남짓 가슴으로
내려오기도 전에
서너 치도 못가
불어내는 가벼움

입은 저만치
서둘러 가는데
발은 저 멀리서
숨을 헐떡이니
발이 입을 못 좇고
허둥대는 경박함

묵언(黙言)
언행일치(言行一致)
침묵(沈黙)

성현의 말씀
갈피마다 들춰가며
새삼 뜻을 새겨보는
잊고 사는 말들

제 5 부
꿈

꿈

앞산 지켜온 고목
어느 봄날 활짝 꽃 피어
온 동네 환히 밝히는
그런 꿈을 꾼 적이 있는가

조약돌 뼈만 앙상한 시내
어느 여름 물 가득 차
강으로 바다로 흘러가는
그런 꿈을 꾼 적은 있는가

혹시 그게
꿈이 아닐지 모르니
묻어둔 그대의 꿈
슬쩍 들춰봐라

칼바람 동토(凍土) 위로
파릇한 새싹
고개 내밀지 모르니

뭍으로

바다가 꿈을 꾸었다
뭍을 향한 간절한 소망

저 멀리 아스라한 땅
어부의 꿈까지 등에 태우고
푸른 깃 세워 뭍을 달렸다

뒤로 밀리고, 파도에 멍들어도
바다는 바다에 지지 않았다

손만 뻗으면 닿을 듯한 꿈
청춘은 순간 백발이 되고

애절한 그리움 바위에 부딪혀
허공으로 하얗게 흩어졌다

부서진 꿈 다시 손잡고
뭍으로 뭍으로 진격한다

별마저 잠든 깜깜한 밤에도
철썩 처얼썩 발을 맞춰
뭍으로 꿈을 나른다

달력을 바꾸며

청춘이 매달린 나이는
주어진 날에
당차게 한 살을 붙여
어깨 펴고 세상을
걸어가야 합니다

주어진 날들
하루가 더해갈수록
세상을 크게 품어야
자갈밭 걸어도
비틀대지 않습니다

세월이 매달린 나이는
살아온 날에서
슬쩍 한 살을 떼어내
걸어갈 세상길
가볍게 내디뎌야 합니다

살아갈 날들
하루가 줄어들수록
삶의 무게를 덜어야
작별의 인사가
덜 버겁습니다

단 하루가
묵은해와 새해를 가르지만
달력이 바뀐다는 건
하루가 저물었다는
또 하루가 밝아왔다는
여느 날보다
그 뜻이 훨씬 무겁습니다

절망이란 놈

그대
절망의 쐐기는 박지마시게
그놈이 무서운 게
사정없이 마음밭 갈아엎거든
희망의 잔뿌리 믿음의 실뿌리
뭐하나 남기지 않고

그대
박힌 절망은 뽑아버리시게
그놈이 비겁한 게
어둡게 세상 덮어도
새날 햇빛 한번 비추면
금세 줄행랑을 치거든

그대
절망의 쐐기 뽑아낸 자리엔
서둘러 희망을 심으시게
그놈이 영악한 게
줄행랑을 쳤다가도 기웃기웃
다시 들어앉을 머리 굴리거든

빛으로

혹시 보았는가
처음부터 끝까지
아래부터 위까지
그 어디에도
당신의 것
쑤셔 넣을 수 없을 만큼
독하게 꼬여버린 사슬을

혹시 보았는가
배배 꼬인 그 쇠사슬 잡고
손가락 발가락 안간힘 모아
한치한치 땅으로 오르는 자를
어둠 모질게 발로 차며
빛으로 한뼘씩 나오는 자를

울음은 이제 그쳐라
어둠으로 밀려나지 말고
절망의 늪에서 허우적거리지 말고
빛으로 나오라
온 힘을 다해
그대 묶은
운명의 사슬 끊어버려라

응원가

들녘 농부 주문을 외운다
이기지는 못해도 견뎌내자고
한여름 천둥, 초가을 태풍
그가 어찌 감당하겠어
주저앉지 않고 하루 견디고
다시 일어서 또 걸으며
황금빛 들판 꿈꾸는 거지

산 오르는 자 콧노래 부른다
쉬어는 가도 포기는 말자고
가파른 비탈, 매서운 찬바람
그가 어찌 피해가겠어
숨 고르며 한 발 내딛고
몸 낮춰 다시 디디며
한발씩 올라가는 거지

바닷가 걷는 자 시 한 수 읊는다
섭섭해도 원망은 담지 말자고
밀려오고 밀려가는 파도의 이치
그가 어찌 거스르겠어
썰물에 미움 실어 보내고
밀물에 다시 오면 또 보내며
세상을 품는 거지

오뚝이

사방에서 건드리고
쓰러져라 두들겨도

구르고 부딪쳐
무릎이 깨져도
어느새 방그르르
웃으며 서는 너

어지러이 돌다가도
손도 없이 발도 없이
슬며시
제 자리에 서는 너

바람 거세고
세상 빙빙 돌아도
다시 일어서
초심으로 서는 너

참 좋은 날

아침 까치 울지 않아도
고개 내미는 햇살만으로
마음 환해지는 날

한낮 뙤약볕 내리쬐도
걸터앉을 그늘만으로
발걸음 넉넉해지는 날

저녁노을 검게 물들어도
밤하늘 반짝일 별 생각에
가슴 설레는 날

눈부시게
찬란하지 않아도
솟구치며
세상 날지 못해도

삶의 온기 따스한 날
가슴 참 포근한 날
내가 내게 감사한 날

행복

행복은 곁에 있다면서
누구도 잡으려 하지 않아
높은 하늘만 올려다볼 뿐
땅은 내려다보지 않아
두 손 뻗어 허공 잡으려다
쥔 것 놓치는 줄 모르고

행복은 마음 안에 있다면서
누구도 들여다보지 않아
남의 속만 기웃거릴 뿐
눈치 없이 훈수 두다
나를 잃어 가는 줄 모르고

사람들은 말하지
세 잎 클로버는 행복
네 잎 클로버는 행운이라고

행복도 행운도
다 마음 안에 있는데
행운 찾는 발길 어지러이
행복 짓밟은 줄 모르고

동백꽃

찬란히 붉었던 날들
시나브로 흰빛 물드니
식어버린 열정
데울 수는 없을까

초롱초롱 눈망울
세월로 흐려지니
내 안의 그 소년
만날 수는 없을까

하늘로 치솟던 꿈
고개 숙이니
주저앉은 나
일으킬 수는 없을까

나는 오늘,
붉게 물들어
하늘 향해 머리 세운
동백꽃 보러 간다

작품해설

환하고 화사하고 푸른 서정의 동화적 세계

공광규 / 시인

〖 작품해설 〗

환하고 화사하고 푸른 서정의 동화적 세계

공 광 규 / 시인

1.

이미 첫 시집 『하루』를 낸 신동열은 『굿바이 논리야』 『내 인생 10년 후』 『구겨진 마음 펴기』 등의 책을 저술한 유명 작가이다. 신 시인은 시집 앞 '시인의 말'을 통해 시집의 주제가 되는 핵심 어휘들을 병렬하고 있는데, 이를테면 '세상을 걷다, 걸어온 날, 그리움, 고향 앞산, 굽이진 골목, 흔적들, 길가, 만나고 헤어지고 이어지고 끊어지는 끝을 알 수 없는 길, 피지 못한 꿈' 등의 어휘들이다. 이들 어휘는 시집의 제재를 함축하고 있다.

신동열의 시를 읽어 가는데 무릇 『논어』의 '양화 편'에 나오는 시가 "조수초목의 이름을 많이 알게 한다(詩…多識鳥

獸草木之名)"는 대목이 자꾸 연상되는 이유는 뭘까? 신동열이 그동안 동양에서 오랫동안 합의되어온 전통적 시의 원리를 잘 이해하고, 거기에 부합하는 시 창작을 지향하고 있기 때문일 것이다. 시집 원고를 읽어가면서, 신 시인이 시에 화초와 수목을 소재로 많이 등장시키고, 고향의 자연 공간인 시골을 자주 소환해 환하고 순정한 동화적 세계를 향한 서정을 추구한다는 느낌을 받았다.

시인은 구체적인 꽃과 나무 이름을 호명하여 사실감을 주고, 꽃과 나무가 서 있는 공간을 풍부한 서정으로 묘사한다. 이미 세월이 흐르고 성장하여 돌아갈 수 없는 과거인 동시에 도달 불가능한 미래 세계인 고향과 어머니를 자주 시에 소환한다. 신동열이 추구하는, 도달하고자 하는, 정신의 지향점은 어디일까? 생각해 보면, 아마 여러 시에서 언급되는, 공유되는 지점인 꽃과 나무로 인해 모퉁이가 환한 곳, 흐드러진 웃음소리에 마을 어귀가 환한 곳, 빛을 반짝이며 푸르게 물들어가는 자연 공간이 아닐까 하는 생각을 하게 한다.

2.

신동열은 시에 많은 화초와 수목들을 출연시킨다. 인간이 생존하는 데 가장 가까운 주변에서 서식하는 화초와 수목은 오랫동안 우리 시에 등장해온 전통 제재이다. 아마 그동안 써온 시의 제재 가운데 가장 많은 양을 화초와 수목이 차지할 것이다. 화초와 수목은 식량과 건축과 땔감으로, 아니면 도구나 조경으로 인간의 살림살이와 가까이 있고, 상대적으로 친근하여 사람들이 가장 편하게 받아들이는 시적 예술적 제재가 되었을 것이다. 신동열은 방가지똥, 민들레, 코스모스, 지칭개, 개나리, 국화, 동백꽃, 은행나무 등 화초나 수목의 구체적 이름을 등장 시켜 시집을 환하고 푸르게 한다.

억새 흐드러진 하늘공원 오르다
노란 꽃대 세우고
가시 잎 흔드는 방가지똥 보았네

빼꼼히 고개 들어 마주한 풀꽃
파란 하늘 이고 선 모습 예뻐
내 마음 슬쩍 주고 왔네

– 「정(情)」 전문

적막한 길모퉁이에
지칭개가 피어 있다

홀로 피어도
외롭다
곁눈질하지 않고

둘이 피어도
잘났다
고개 세우지 않는다

묵묵히 하늘 향한
보랏빛 두상

모퉁이가 환하다

– 「모퉁이」 전문

위에 인용한 시 「정(情)」에서 화자는 공원에 오르다가 노란 꽃대를 세운 방가지똥을 발견한다. 방가지똥은 우리나라 전국에 분포하며 길가나 빈터에서 자라는 흔히 볼 수 있는 풀이다. 잎에 가시가 나고 노란 꽃을 피우는 이 화초는 약재와 사료용으로 이용하고, 어린순을 삶아 나물로 먹는다고 한다. 화자가 방가지똥을 보자 방가지똥 역시 고개를 들어 화자와 마주 본다. 시인은 의인화를 통해 화자와 방가지똥, 방가지똥과 화자, 인간과 식물을 동격으로 나란히 놓는다. 파란 하늘을 배경으로 하고 있는 방가지똥의 모습. 화자는 이런 "모습 예뻐"서 마음을 주고 왔다고 한다.

시 「모퉁이」는 표현과 구조가 아주 쉽고 단순하면서도 깊이가 있는 가작이다. 길가가 아닌, 길의 한복판이 아닌 길모퉁이. 이 외진 곳이, 소외된 곳이 들꽃 지칭개가 피어 있는 장소다. 약용과 식용으로 쓰인다는 지칭개는 초여름에서 초가을까지 보라색 꽃이 핀다. 햇볕이 잘 드는 논밭 두렁이나 들판에서 흔히 볼 수 있는 꽃이다. 화자는 지칭개가 홀로 피어도 외롭다 곁눈질하지 않고, 둘이 피어도 잘났다고 고개 세우지 않는다고 한다. 시인의 마음을 지칭개에 투사하고 있다. 지칭개 본연의 모습 그대로 피어있을 뿐이다. 이 때문에 지칭개가 피어 있는 모퉁이가 환하다고 한다.

화자는 길을 걷다가 민들레를 만나는데, "바람에 실린 홑씨/ 어머니 품을 떠나/ 허공 돌고 또 돌아/ 어쩌다 길가에 둥지 텄을까"(「민들레」)라고 궁금해한다. 시 「몸짓」에는 코스모스가 출연한다. 화자에게 코스모스는 마음이 짠한 대상이며, 가련한 꽃이다. 바람에 꺾이지 않고 처절한 몸짓으로 견디는 모습이 "힘겹게 버티는" "우리네 삶"과 같다.

시인은 「망각」을 통해서 "냇가 개나리"가 "나른한 봄볕에 졸다/ 물 위로 고개 떨"구고 있는 모습을 보여주며, 시 「길 위에서」는 화자가 청자에게 국화꽃을 본 적이 있느냐고 묻고, 시 「동백꽃」에서는 화자가 직접 "동백꽃 보러 간다". 시 「나목」에서는 호수공원 은행나무 길에서 잎을 털어낸 은행나무가 물에 잠긴 그림자 물결 따라 흔들리는 서정을 경험하기도 한다. 「겨울산」에서는 잎을 버려 헐거워진 몸을 세우고 칼바람을 온몸으로 맞고 서 있는 나무의 모습을 본다.

3.

신동열은 시에서 고향과 어머니를 자주 소환한다. 고향과 어머니는 화자의 유년을 지배하는, 다시 돌아갈 수 없는 과거인 동시에 도달 불가능한 미래이다. 사람은 성장하면서 고향과 어머니를 떠나게 되고 성인이 되어 겪는 신산한 삶 때문에 어머니의 사랑과 보호 아래 살던 유년의 고향을 늘 생각하게 된다. 어머니는 절대적이고 따뜻하고 무조건적이고 헌신적인 사랑의 상징이다.

고향과 어머니는 신산한 삶을 살면서 늘 생각나고 돌아가고 싶은 곳이며, 삶을 지탱하게 하는 정서적 심리적 힘의 근원이다. 많은 시인들의 시에 고향과 어머니가 지배적인 시의 제재로 들어오는 이유이기도 하다. 신동열에게 정자나무는 유년의 공간인 고향에 서 있는 아주 큰 나무다. 정자나무를 떠나온 지 오래되었지만 심리적으로 돌아가고 싶은 영토이고 그가 추구하는 세계이기도 하다.

고향 마을
정자나무 한 그루
수백 년 살아온 세월에
단단해진 수피(樹皮)
겹겹이 사연을 품고 있다

동네 아낙네들
답답한 속내 풀어놓고
곰방대 문 할아버지
땅 위로 뻗은 뿌리에
담뱃재 탈탈 털기도 했다
친구들과 술래잡기 지치면
나무 등에 기대앉아 쉬던 곳

삶이 고달파 떠난 고향
모진 세월 험한 세상에도
넘어지지 않고 꼿꼿이 일어나
정자나무 아래로 모여드는 사람들

오가는 빌길 얽힌 사연
수백 년 묵묵히 가슴에 품은 나무
바람결에 부딪는 나뭇잎 숨결 타고
흐드러진 웃음소리
마을 어귀가 환하다

– 「정자나무」 전문

시 「정자나무」에서 보듯 시인, 아니 화자의 고향은 수백 년을 살아온 정자나무 한 그루가 있고, 정자나무는 단단한 수피를 가지고 있어 겹겹 사연을 품고 있으며, 정자나무 아래는 동네 아낙네들이 속내를 풀어놓거나 할아버지들이 곰방대를 털며 담배를 피우던 곳이다. 화자 역시 어려서 친구들과 술래잡기 놀이를 하다 지치면 나무에 등을 기대고 앉아 쉬었던 곳이다.

고향을 떠난 사람들은 "모진 세월 험한 세상"을 견디면서도 넘어지지 않았으며, "꼿꼿이 일어나/ 정자나무 아래로 모여"든다. 수백 년 된 정자나무는 고향 사람들이 오가면서 얽힌 사연들을 다 알고 있다. 그러나 말하지 않고 묵묵히 가슴에 품고 사는 나무다. 화자는 바람이 불 때 나뭇잎과 나뭇잎들이 서로 부비며 내는 소리를 흐드러진 웃음소리로 듣고 있으며, 이 때문에 "마을 어귀가 환하다"고 한다.

삶이 고향에서 시작된다면, 성장은 고향을 떠나면서 시작되는지도 모른다. 시인의 원체험 공간인 고향은 시인이 처음 다른 세상을 발견한 곳이며, 성장의 발판을 마련한 곳이기도 하다. 시 〈첫길〉에서 화자는 고향 마을 뒷산을 오른다. 하늘을 향해서 난 구불구불한 능선을 타고 오른 산 위에서 바라보이는 세계는 '마을이라는 세상' 이었다. 산 위에서 고향 마을을 훤히 조감하였다는 것은 이미 화자가 성장했다는 것, 그 마을을 다 알았다는 것, 정복했다는 의미다. 그래서 더 큰 마을을 보기 위해 고향을 떠날 준비가 되었다는 의미이기도 하다.

화자는 고향 뒷산에서 더 올라 자신의 마을 너머 다른 세상을 보았다. 그가 본 다른 세상은 아파트 숲이 있는 도시이고, 표정 없는 사람들이 쏟아져 나오는 곳이다. 이미 거대한 세상인 도시에 나와 사는 화자는 과거로 되돌아갈 수는 없다.

한가로이 늦가을 걷다
눈에 띈 호박 하나
스치던 발길 멈추고
되돌아 다시 보니
그 위에 내 어머니가
덩그러니 앉아 계셨네

푸른 잎 누렇게 바래고
누런 잎 땅에 떨어져
어머니만 홀로
밭두렁에 덩그러니

그리 주고도 모자랐는지
온전히 가져가라고
말없이 손짓하는
당신
덩그러니 홀로 계셨네

– 「호박」 전문

화자는 늦가을 시골길을 걷다가 늙은 호박을 발견한다. 그리고 호박을 통해 어머니를 본다. 호박은 화자와 어머니 사이에 놓인 기억의 매개물이다. 유년에 시골에 살면서 어머니와 호박을 동시에 기억할 만한 체험을 공유했을 것이다. 그러니 호박에서 어머니가 떠오르는 것이다. 일종의 연상이고 환기이고 환유다. 어머니는 호박 위에 "덩그러니 앉아" 있고, 푸른 잎은 "누렇게 바래고" 누런 잎은 져서

"어머니만 홀로/ 밭두렁에" 남아 있는 것이다. 그리고 호박조차 온전히 가져가라고 말없이 손짓하는 것을 마음으로 본다.

식민지와 전쟁을 겪으며 절대 가난의 시대에 산 화자의 어머니는 "남편을 일찍 저세상으로 보내고/ 줄줄이 자식"(「막내아들」)들을 홀로 키웠으며, 새벽닭이 울기 전부터 밭일을 시작해, "5일 장이 서는 날에는/ 열무 다발 머리에 가득 이고/ 십리 길 장에 내다" 팔아 자식들을 거두어 먹이는 고된 삶을 살았다. 당시 세대를 산 많은 사람들의 삶이 어려웠지만, 화자의 어머니 역시 이런 궁핍한 삶 속에서도 자식들을 사랑과 정성으로 키워냈다.

시에서 보면, 시인의 어머니는 서당을 잠시 다닌 게 전부여서 가방끈이 짧다. 그렇지만, "어머니의 가방/ 끈은 짧아도 참 넉넉했다"(「어머니의 가방」)고 한다. "고된 삶에도 늘 웃으시고/ 자식 사랑은/ 하루도 마르지 않았다"고 한다. 이런 어머니를 둔 화자는 "오늘도/ 끈 짧은 어머니의 가방을 메고/ 세상을" 걸어가고 있는 것이다. 생전의 어머니가 살아가면서 보여주었던 삶의 지혜를 아들인 화자가 따라간다.

시인은 현재 불빛이 현란한 도회지에 살면서 어머니와 유년을 함께 보낸 고향 가는 길을 "한 번도 잊은 적 없"(「고향 가는 길」)다. 고향은 도시에 살면서 사람들에게 상처를 입고 사는 화자가 "엄마 약손 그리워" 달려가고 싶은 곳이다. 특히 달이 휘영청 밝은 날에는 고향에 대한 생각이 더하며, 이미 마음이 동네 어귀에 들어선 것과 같다고 한다. 그리고 강화산성 누각에 올라 대산리 넓은 들판을 바라보다 “어머니가 아궁이 불 지펴 지으신 구수한 보리밥 생각”(「강화 가는 길」)을 한다.

4.

그러면 시인이 식물인 화초와 수목, 자연 공간인 고향과 어머니에 대한 기억의 진술을 통해 도달하고자 하는 곳은 어디일까? 시 「모퉁이」에서 보여주는 들꽃으로 모퉁이가 환한, 「정자나무」에서 보여주는 흐드러진 웃음소리에 마을 어귀가 환한, 「봄의 왈츠」처럼 푸르게 물들어가는 자연 공간에서 어머니와 함께 화초와 수목과 달팽이와 파랑새와 꾀꼬리와 같이 어울려 사는 동화적 세계가 아닐까?

겨우내 숨죽인 생명
마른 잎 틈새 바스락대고
가지에 걸터앉은 연둣빛
박자 맞춰 고개 내민다

꽁꽁 얼었던 시냇물
강으로 졸졸 흐르고
들녘 아지랑이 손잡고
산을 오른다

졸음에 겨운 새들
날개 퍼덕여 세상 깨우면
적막한 산천 어느새
푸르게 물들어간다

– 「봄의 왈츠」 전문

달팽이 느리다고
떠밀지 마라
가는 듯 마는 듯 걸어도
뜻이 있을지니

황새걸음 못 따른다고
뱁새다리 늘이지 마라
걸음마다 사연 있을지니

벼이삭 더디 자란다고
목 뽑아 늘이지 마라
웃자라 그 목 꺾이면
더딤 자람만 못하나니

세상 만물은
나름의 뜻이 있나니

-「나름」 전문

「봄의 왈츠」는 겨울을 지낸 나뭇가지에서 연둣빛 새잎이 터지고, 얼었던 냇물이 풀려 졸졸 흘러내리고, 들녘에서 아지랑이가 피어오르는 현상을 서술하고 있다. 새들도 날아다니며 이곳저곳 봄이 왔음을 노래하면 적막했던 산천이 푸르러간다는 것이 이 시의 골자다. 이러한 봄의 환희는 푸르게 잎을 내는 나뭇가지의 시각, 시냇물이 흘러내리고 지상에서 피어오르는 아지랑이의 동감각, 새들이 노래하는 청각이 모여서 시를 풍요롭게 한다. 환희로 가득 찬 봄날의 화음이다.

시 「나름」은 모든 사물에는 천지신명이, 하느님이, 하나님이 나름대로 지은 뜻이 있다는 것이다. 그래서 지어진

대로 존재하게 그냥 두어야지, 그것을 자신의 기준으로 만들어보려고 해서는 부작용이 있다는 것이다. 그러한 사례를 달팽이의 느린 걸음, 황새와 뱁새의 걸음 폭 차이, 더디 자라는 벼이삭 뽑기를 통해 서술한다. 시인이 지향하는 세계는 개별 사물이나 타인을 그대로 인정하는 삶의 공간인 것이다.

신동열의 언어는 밝고 환하고 푸르다. 시 「파랑새」의 경우 희망으로 은유되는 파랑새가 청춘이 지나갈 무렵에 자신에게 날아왔는데, 어려서 날갯짓은 서툴러 세상을 맘껏 날아다니지는 못하였지만 "깃털은 유난히 고왔"으며, "별빛에도 반짝이고/ 햇살엔 더 눈부셨어"라고 고백한다. 화자의 청춘에 파랑새로 와서 둥지를 튼 희망, 중년인 지금도 그 파랑새를 기억하고 희망으로 간직하고 있음을 노래한다.

시인은 자신의 인연론과 사랑론을 시로 보여주기도 한다. 시 「기적」에서는 바닷가 모래알처럼 많은 사람 가운데 둘이 만나 백 년을 약속했는데, 이것이 인연이고, 인연을 축복하듯 "밤하늘 별 둘 잡은 손이/ 환한 빛 되어 쏟아"진다고 한다. 시 「사랑의 파도」는 시인의 사랑론이다. 사랑이 밀물로 차오르면 코스모스가 바람에 흔들리듯 어깨를 흔들고 꾀꼬리가 노래하듯 즐겁고, 온 세상을 가슴에 품은 것 같다는 것이다.

그러나 사랑이 썰물이 되었을 때는 춤추던 코스모스도 꽃잎을 떨구고 있는 듯하고 꾀꼬리 울음도 허공에 흩어지는 듯한 심정이 된다는 것이다. 신동열은 사랑의 속성을 반복되는 썰물과 밀물의 관계로 정리한다. 행복론과 인생

론도 시로 정리하여 보여준다. 행복은 곁에 있다고 누구나 말하지만 잡으려고 하지 않는다는 것이다. 높은 곳에 있는 줄 알고 두 손으로 허공을 잡으려다 가까이에 쥐고 있는 것조차도 놓치는 줄 모른다고 한다.

행복은 마음에 있다는 것을 다 알면서도 들여다보지 않고 남의 속만 기웃거린다는 것이다. 행복이나 행운이 모두 마음 안에 있다는 시인의 관념이 시를 통해 진술되는 것이다. 인생론을 시로 구성한 「인생」에서는 강물이 출렁거리고, 산을 오를 때 숨이 차고, 다리를 건널 때 굽이지는 것과 같다는 것이다.

5.

신동열 시집 원고를 읽어가면서, 그의 시에 자주 언급된 지배적인 제재를 몇 가지로 유형화하여 살펴보았다. 신 시인은 현재 한국 시단에서 발표되거나 시집으로 만들어지는, 조작된 관념으로 모호하고 애매한 표현을 늘어놓는 시들과는 달리, 과거와 현재의 생활 경험에서 깨달은 인생에 대한 지혜를 적절한 사물이나 사건으로 명징하게 형상한다. 우리 시의 전통적 제재인 화초와 수목들을 시집 속에 다수 출연시켜 밝고 환하고 화사하고 푸른 서정을 독자에게 선사하는 것이다.

돌아보면 도시화 이전, 거대한 도시에 나와 살기 이전, 우리는 화초와 수목이 어우러진 밝고 환하고 푸른 동화적 세계에서 다정한 어머니의 조건 없는 사랑을 받으며 살았다. 파랑새와 꾀꼬리의 청명한 노래, 달팽이의 길로 비유되는 자신의 자아를 죽이지 않고 자신만의 속도로 다녔던 느릿느릿한 공간에서 살아본 경험이 있다. 이런 기억과 경험을 신동열은 서정의 방식으로 다시 들려주고 보여준다. 많은 분들이 이 시집을 읽으면서 잠시나마 밝고 푸르고 청명한 동화적 세계에 다녀오는 지복을 누리길 바란다.

이 도서의 국립중앙도서관 출판예정도서목록(CIP)은 서지정보유통지원시스템 홈페이지(http://seoji.nl.go.kr)와 국가자료종합목록 구축시스템(http://kolis-net.nl.go.kr)에서 이용하실 수 있습니다.
(CIP제어번호 : CIP2020013917)

 Shin Dongyeol 

다시올 시선 035

독백

초판인쇄 2020년 3월 30일
초판발행 2020년 4월 10일

출판등록 | 제310-2007-00028

지은이 | 신동열
발행인 | 김영은
펴낸곳 | 다시올

주　소 | 서울 노원구 광운로 32, 지층1호
전　화 | 031-836-5941
팩　스 | 031-855-5941
메　일 | maxim3515@naver.com

ISBN 978-89-94414-92-8 03810

정가 10,000원